PROCÈS

DES

TEMPLIERS

THÈSE SOUTENUE

A L'INSTITUT THÉOLOGIQUE DE POITIERS

PAR L'ABBÉ

LÉON NEVEU

Licencié en Théologie, Curé d'Asnières-sur-Oise (Seine-et-Oise)

PARIS

LIBRAIRIE ÉDOUARD DELALAIN

82, RUE DE GRENELLE-SAINT-GERMAIN, 82

1877

PROCÈS

DES

TEMPLIERS

THÈSE SOUTENUE

A L'INSTITUT THÉOLOGIQUE DE POITIERS

PAR L'ABBÉ

LÉON NEVEU

Licencié en Théologie, Curé d'Asnières-sur-Oise (Seine-et-Oise)

PARIS

LIBRAIRIE ÉDOUARD DELALAIN

82, RUE DE GRENELLE-SAINT-GERMAIN, 82

1877

A

MON VÉNÉRÉ MAITRE

DANS LA VERTU ET DANS LA SCIENCE

M. HIPPOLYTE LEMARESCHAL

CHANOINE HONORAIRE

ET SUPÉRIEUR DU PETIT SÉMINAIRE DE VERSAILLES

HOMMAGE

RESPECTUEUX, FILIAL ET RECONNAISSANT

AVANT-PROPOS

Le procès des Templiers a servi longtemps de thème aux déclamations des incrédules contre le Saint-Siége. Jusqu'à notre époque, les écrivains catholiques ne pouvaient répondre péremptoirement à certaines allégations, faute de documents, et repoussaient les attaques par des moyens indirects. Aujourd'hui, après les recherches de Raynouard et de Michelet, en France, de Moldenhawer, d'Hammer et de Wilcke, en Allemagne, les actes les plus importants de ce procès ont été exhumés de la poussière des manuscrits, livrés à l'impression et mis à la portée du public.

Sans avoir besoin de connaître tout le détail des lois et des mœurs de cet âge, chacun peut donc assister à ces débats lointains, comme un membre du jury des assises, « s'interroger dans le silence et « le recueillement et chercher, dans la sincérité de

« sa conscience, quelle impression ont faite sur sa
« raison les preuves rapportées contre les accusés
« et les moyens de leur défense. » (C. d'Instruction
criminelle, art. 342.) C'est ce que j'ai essayé de
faire. J'ai rangé de mon mieux ce que les divers
historiens ont trouvé de plus probant à charge ou à
décharge dans cette procédure, et j'ai ensuite con-
signé ma conviction.

Asnières-sur-Oise (Seine-et-Oise), 1er août 1877.

PROCÈS

DES TEMPLIERS

THÈSE SOUTENUE

A L'INSTITUT THÉOLOGIQUE DE POITIERS

CHAPITRE PREMIER

AVANT LE PROCÈS

*Origine, règles, développement de l'ordre
des Templiers.*

L'ordre des Templiers doit son origine à neuf braves gentilshommes français, qui s'unirent pour protéger les pèlerins cheminant en Terre-Sainte. L'histoire a conservé le nom de deux seulement, Hugues de Payens ou de Pains et Geoffroy de Saint-Omer. Ce fut en l'an 1118 qu'ils firent les trois vœux de religion entre les mains du patriarche de Jérusalem Gormond, et y ajoutèrent le vœu, spécial à leur ordre, de pourvoir à la sûreté des chemins, pour favoriser les pèlerinages. Baudoin II, roi de Jérusalem, heureux de ce beau dévouement, leur offrit un logement près de l'emplacement de l'ancien temple de Salomon : d'où le nom de Templiers qui leur resta, bien qu'ils se fussent donné celui de « pauvres champions unis du Christ et du Temple. » Ils vécurent d'abord d'aumônes, que leur prodiguèrent les seigneurs, le clergé et les pèlerins protégés.

Bientôt leur vaillance et leur pieux dévouement les eurent rendus célèbres dans toute la chrétienté. La grande voix de saint Bernard répandit partout le bruit de leurs exploits. Aussi, lorsque leurs députés parurent en présence du pape Honorius IV, au concile de Troyes (1128), ils reçurent de chaleureuses acclamations. Le Souverain-Pontife régla leur costume, un manteau blanc, sur lequel, dix-huit ans plus tard Eugène III plaça une croix rouge. Leur ordre fut approuvé, et saint Bernard chargé d'en rédiger la règle.

Voici le titre et quelques points des 72 articles. *Regula pauperum commilitonum templi Salomonis.* Le chevalier du Temple devait se vouer à la pratique de toutes les vertus chrétiennes et militaires. La principale dignité était celle de grand maître, après lequel venaient les percepteurs, les prieurs, les visiteurs et les commandeurs.

C'était ordinairement la nuit que le chapitre s'assemblait pour recevoir de nouveaux chevaliers. Le postulant restait debout à la porte. Deux chevaliers sortaient à trois reprises, et lui posaient cette question de la part du président : « Voulez-vous entrer dans l'ordre de la milice du Temple ?...» — « Je demande le pain et l'eau, « devait répondre le récipiendaire. Alors il était introduit dans l'assemblée, qui ne se composait que des frères de l'Ordre. Après quelques autres questions et une monition du chef du chapitre, le postulant prononçait les trois vœux de pauvreté, chasteté, obéissance, et se consacrait à la défense des pèlerins.

M. Michaud cite la formule suivante du serment, tirée des priviléges de l'ordre de Cîteaux : « Je jure de « consacrer mes discours, mes forces et ma vie à dé- « fendre la croyance de l'unité de Dieu et des mys- « tères de la foi ; je promets d'être soumis et obéissant « au grand maître de l'ordre ; quand les Sarrasins « envahiront les terres des chrétiens, je passerai les « mers pour délivrer mes frères ; je donnerai secours « de mon bras à l'Église et aux rois contre les « princes infidèles ; tant que mes ennemis ne seront « que trois contre moi, je les combattrai et jamais ne « prendrai la fuite ; seul je les combattrai, si ce sont « des mécréants. » (*Hist. des croisades*, 1er vol., note 6.)

La règle portait que les chevaliers et servants devaient communier trois fois l'an ; entendre la messe, trois fois la semaine ; s'abstenir de viande ; donner, aussi trois fois la semaine, l'aumône aux pauvres, dans leurs églises. Les délinquants étaient flagellés trois fois, au chapitre.

Saint Bernard fait ainsi l'éloge des Templiers : «Ils

« vivent en commun, sans femmes, ni enfants,
« n'ayant qu'un seul cœur et qu'une seule âme.
« Ils ne demeurent jamais oisifs ; quand ils ne sont pas
« en expédition (ce qui est rare), ils réparent de leurs
« mains leurs armures et leurs vêtements. Au signal
« de la guerre, ils s'arment non d'or, mais de foi
« dans le cœur et de fer à la main, vrais soldats par
« leur vaillance, vrais moines par leur douceur. »
(*Exhortation aux soldats du Temple*, IV, *passim*.)

Les historiens des croisades célèbrent leurs brillants exploits au siége d'Antioche, à la prise de Damiette, et surtout dans les murs de Ptolémaïs, dernier rempart de la chrétienté dans la Palestine. Sortis ainsi de la Terre-Sainte, qui avait été leur berceau et aurait dû être leur tombe, ils guerroient quelque temps en Grèce, dans les îles de l'Archipel, et enfin se fixent tout à fait en Occident, pour vivre de leur gloire et de leurs revenus.

Le nombre de leurs membres et de leurs domaines s'était multiplié rapidement. Dès 1130, ils avaient reçu de l'empereur Lothaire II des terres dans le duché de Brunswick, et plus tard d'autres dans l'Espagne, le Portugal et les Pays-Bas. Cent cinquante ans après sa fondation, l'ordre, divisé en quatorze provinces, dont quatre en Orient et dix en Occident, comptait dix-huit à vingt mille chevaliers et neuf mille commanderies en terres, dont le revenu est évalué à cinquante-quatre millions de francs. Ils purent acheter de leur or l'île de Chypre ; mais leur épée dégénérée ne put la conserver. En Espagne, ils possédaient jusqu'à dix-sept places fortes. Ces richesses immenses, détournées du but des donateurs, et l'oisiveté qui suivit l'abandon de la Terre-Sainte expliquent la corruption secrète et la décadence rapide des Templiers. L'Occident fut leur Capoue, et cette force organisée, cessant d'être puissante pour le bien, devait l'être pour le mal.

Déjà, avant l'éclat du procès, apparaissent, dans les historiens et les traditions populaires, certains indices accusateurs que la suite des événements rend vraisemblables. Ainsi, au dire de Guillaume de Tyr, un prince musulman, renversé du trône d'Égypte, leur ayant demandé l'hospitalité et le baptême, les Templiers le livrèrent pour soixante mille pièces d'or à son compétiteur, qui le fit couper en morceaux. Il est difficile d'expliquer dans un bon sens leurs rapports avec le Vieux de la Montagne, chef des assassins, et avec plusieurs sultans, qu'ils reçurent en grande pompe et qu'ils firent chevaliers.

Leurs mœurs, en général, et surtout dans la dernière période de l'ordre, loin d'édifier le peuple, donnaient prise à la malignité. Le concile de Salzbourg, pour remédier aux désordres, conseilla au pape Nicolas IV de réunir les Templiers aux Hospitaliers (1292). On connaît le dicton populaire, boire comme un Templier. « Trithème, dit Rorhbacher, nous apprend,

« vers la fin du quinzième siècle, qu'en Allemagne,
« on disait communément maison de Templiers pour
« maison de débauche. Et aujourd'hui encore, au
« milieu du XIXe siècle, il est tel village de Lorraine,
« autrefois ville, où la tradition s'est conservée vi-
« vante, que les filles et les femmes ne pouvaient
« avec honneur et sécurité passer par le quartier du
« Temple. »

On peut dire avec Dupuy que, « s'ils sont loués par
« quelques écrivains, c'est le cas où les panégyristes
« et les censures ont raison, selon le temps dont ils
« parlent. »

Le plus grand nombre des chevaliers s'étant retirés
en France et principalement à Paris, dans un immense
quartier qui prit leur nom, c'est en France aussi que
le procès eut toute son importance. Afin de l'exposer
plus clairement, nous distinguerons les différentes
phases de la procédure et les différentes responsa-
bilités.

CHAPITRE II

PENDANT LE PROCÈS

§ 1er. — *Découverte du secret des Templiers. — Pourparlers du roi de France Philippe le Bel et du pape Clément V.*

Il est, dans l'histoire, deux versions sur la manière dont fut découvert le mystère des Templiers. Jean de Villani, auteur florentin, hostile au Pape, raconte ainsi le fait. Deux hommes, condamnés pour leurs crimes à une prison perpétuelle, étaient jetés dans le même cachot, et, dans l'espérance d'obtenir leur grâce pour prix de leurs révélations, ils dévoilèrent aux ministres du roi tout ce qu'ils savaient des crimes secrets de l'ordre du Temple. L'un était prieur de Montfaucon et l'autre un Florentin nommé Noffo-Dei. Ils furent trompés dans leurs espérances; car ils périrent plus tard; mais le roi, une fois sur la piste, marcha en avant.

Amauri de Béziers rapporte la chose en ces termes :

« Un certain Squin de Florian, bourgeois de Béziers, et un Templier apostat furent pris et mis ensemble pour leurs crimes dans une forte prison d'un château royal du territoire de Toulouse. Comme ils s'attendaient chaque jour à être punis de mort, ils firent entre eux comme les gens de mer battus par la tempête. Ils se confessèrent l'un à l'autre. Le Templier avoua à son compagnon d'infortune des choses abominables, qu'il disait avoir faites depuis son entrée dans l'ordre, savoir d'être tombé dans quantité d'erreurs contre la foi et d'avoir commis d'autres forfaits souvent réitérés, qu'il détailla. Dès le lendemain, Squin fit appeler le premier officier royal d'un autre château, auquel il déclara qu'il avait à révéler au roi un secret d'une telle importance, qu'il en tirerait plus d'avantage que de la conquête d'un nouveau royaume : « Faites-
« moi, ajouta-t-il, conduire enchaîné jusqu'en sa pré-
« sence; car je ne révélerai mon secret à personne qu'à
« lui, dût-il m'en coûter la vie. » L'officier n'ayant pu ni par caresse, ni par menaces, engager ce prisonnier à lui confier ce mystère, écrivit le tout au roi, qui lui ordonna d'amener Squin à Paris, sous bonne garde. Cet homme fut présenté au roi, qui, l'ayant tiré à part, lui promit la vie, la liberté et des récompenses, s'il disait la vérité. Le prisonnier lui raconta exactement la confession du Templier apostat; sur quoi le roi fit prendre quelques Templiers, avec ordre d'informer sur ces articles, qui se trouvèrent véritables. »

Ces deux versions concordent au fond. Le roi, ému d'un tel mystère d'iniquité, s'en ouvrit au pape Clément V, d'abord à Vienne, en 1305, au couronnement pontifical, puis à Poitiers, en 1307, dans une entrevue concertée. Mais, dans cet intervalle, le secret transpira ; le grand maître et les principaux de l'ordre demandèrent au Souverain-Pontife qu'on instruisît leur procès, afin que la lumière se fît et que justice leur fût rendue : ce que Clément V promit de faire.

§ 2. — *Philippe le Bel fait arrêter les Templiers et informer contre eux.*

Le roi résolut de devancer le Pape. Il craignait les lenteurs de la cour pontificale, et d'ailleurs il avait appris que les chevaliers se concertaient et que déjà plusieurs se disposaient à passer la frontière avec leurs biens. Tous les baillis et sénéchaux du royaume reçurent un pli cacheté, avec l'ordre de ne l'ouvrir que le vendredi 13 octobre, et d'être prêts, ce jour-là, avec la force armée, à exécuter les ordres du roi. C'est ainsi que, sans résistance, en un seul jour, tous les Templiers français, y compris le grand maître, Jacques de Molay, furent arrêtés et incarcérés dans les forts. Déjà étaient gardés secrètement, à Corbeil, quelques dignitaires du Temple, et un certain nombre de nobles et de roturiers, qui s'étaient portés comme témoins et se faisaient forts de prouver les accusations qui planaient sur l'ordre.

Le lendemain de cette arrestation générale, 14 octobre, le roi réunit, dans la salle du chapitre de Notre-Dame de Paris, les docteurs de l'Université, les chanoines et quelques seigneurs pour entendre la lecture du rapport de Nogaret sur cette affaire. Le dimanche 15, le clergé et le peuple de Paris furent convoqués dans les jardins, et, dans cette sorte de meeting, des orateurs, pour atténuer le scandale, expliquèrent les principaux motifs qui avaient forcé le roi à se saisir des chevaliers du Temple.

Aussitôt Philippe, de sa propre autorité, sans consulter le Pape, nomma une commission pour interroger les inculpés et mit à la tête Ymbert, dominicain, son confesseur et grand inquisiteur de France. En quelques jours, cent quarante Templiers furent ainsi interrogés à Paris seulement, et tous, excepté trois, avouèrent totalement ou en partie, les faits que nous relaterons plus loin. D'autres interrogatoires faits dans les provinces, à Troyes, à Caen, à Rouen, au Pont-de-l'Arche, à Carcassonne, à Cahors, etc., confirmèrent les premières dépositions.

Pour le roi, il s'était emparé du Temple, y avait établi sa demeure, et avait mis sous le séquestre tous les biens de l'ordre dans le royaume.

§ 3. — *Intervention du Pape.* — *Interrogatoire de Poitiers.*

A la nouvelle de cette procédure précipitée et incompétente, le Pape en écrit sévèrement au roi. Il lui rappelle qu'il s'agit d'un ordre religieux qui relève du Souverain-Pontife, et que le crime d'hérésie ne doit être connu que de l'autorité ecclésiastique; il le blâme d'avoir arrêté les personnes et saisi les biens; puis, il envoie à Paris les deux cardinaux Bérenger de Frédol et Etienne de Suisi, pour déterminer le roi à remettre le jugement des Templiers aux commissaires du Pape, et, au préalable, il sévit contre Ymbert, qui, au mépris de l'autorité pontificale, avait repris les poursuites, retire leurs pouvoirs à tous les inquisiteurs de France, et évoque toute l'affaire à son tribunal.

Grande fut la colère de Philippe de voir ainsi toutes ses mesures traversées par le Pape. Il l'accusait de faiblesse et d'indifférence pour les coupables et de rigueur et d'injustice pour les juges. Enfin, il s'apaisa devant les cardinaux, et, le 24 décembre 1307, il écrivit à Clément V que, « loin de porter préjudice « aux droits de l'Église et aux siens propres, il avait « remis les personnes des chevaliers entre les mains « de ses légats; que, pour leurs biens meubles et im- « meubles, il les faisait garder pour servir unique- « ment à la défense de la Palestine, et qu'en consé- « quence, il avait donné l'intendance de ces biens, non

2

« à ses propres receveurs, mais à des gens indépen-
« dants et de grande probité. »

Bien plus, il envoya à Poitiers les principaux accusés avec la copie de leurs dépositions, afin que le
Souverain-Pontife ouït leurs aveux de ses propres
oreilles et se convainquît de l'urgence du procès.

Clément interrogea donc lui-même soixante-douze
chevaliers de tout rang, non comme un juge qui cherche
des coupables, mais comme un père qui désire trouver
ses enfants innocents ; ainsi, c'est sans torture, sans
contrainte, en toute liberté, qu'ils firent leurs aveux,
qui se trouvèrent conformes aux dépositions reçues à
Paris. Et, pour plus de sûreté encore, le Pape réunit,
quelques jours après, les cardinaux et les évêques en
consistoire, appela ces mêmes chevaliers et leur fit
lire, traduits dans leurs langues, les aveux qu'ils lui
avaient faits. Ils confirmèrent la vérité de ces actes
et persistèrent dans leurs dépositions. Une bulle,
adressée à tous les évêques français, le 5 juillet 1308,
donne le détail de cet interrogatoire.

§ 4. — *Système général de la procédure pontificale.*

Le chef de la chrétienté, contraint alors par le
devoir de sa charge, se résolut de donner cours à la
vérité et à la justice et d'ôter la pierre de scandale
du milieu de l'Église. Telle est la forme qu'il prescri-
vit pour cet immense procès dans toute l'Europe. Il

établit, comme autant de juges d'instruction, les inquisiteurs dans leurs régions, les évêques dans leurs diocèses. Ces derniers devaient être assistés de deux chanoines de leur cathédrale, de deux Frères prêcheurs et de deux Frères mineurs. Ensuite le concile provincial, ayant pris connaissance du dossier de chaque évêque de la province, devait prononcer, suivant les canons, une sentence particulière d'absolution ou de condamnation; le jugement de l'ordre entier était réservé au Pape, ainsi que celui du grand maître et des principaux commandeurs. Pour sauvegarder les droits temporels de Philippe le Bel dans cette affaire mixte, le Souverain-Pontife déclara expressément que ce qu'il avait fait ou ferait par ses agents, au sujet des personnes ou des biens des accusés, ne porterait pas préjudice au roi, aux prélats, aux barons pour les droits d'hommages et de fiefs qu'ils pouvaient avoir sur les Templiers; mais il exigea que les accusés fussent mis sous la garde de son nonce apostolique, Pierre de la Chapelle.

Clément V écrivit en Angleterre, en Écosse, en Irlande, en Allemagne, dans la Bohême, la Pologne, la Hongrie, l'Aragon, l'Italie, dans les îles Majorque et Chypre, pour qu'on procédât contre les Templiers de la même façon qu'en France, c'est-à-dire que le bras séculier les arrêtât tous le même jour et qu'ensuite l'autorité ecclésiastique suivît la même forme de jugement.

Dans cette encyclique, le Pape rend pour la posté-rité cette justice au roi de France Philippe le Bel, que, le premier, il a découvert la corruption des Templiers et que sa conduite a été désintéressée, puisque les biens ont été laissés à la disposition du Saint-Siége. Enfin, suivant les aveux qu'il avait recueillis lüi-même à Poitiers, le Pape fixe à quatorze les points sur lesquels doit rouler l'interrogatoire.

L'histoire mentionne une deuxième entrevue de Clément V et de Philippe IV. Le premier consentit à remettre les chevaliers aux mains du roi, à condition qu'ils ne pourraient subir aucune peine sans l'aveu du Souverain-Pontife.

§ 5. — Interrogatoire de Chinon.

Dès lors, le procès marcha regulièrement. Pendant que les évêques procédaient chacun dans leur diocèse, le Pape voulut informer lui-même, ainsi qu'il l'avait annoncé, contre le grand maître et les principaux chefs ; mais, comme quelques-uns étaient tombés malades dans le chemin et ne pouvaient, d'aucune façon, être transportés à Poitiers, il commit à sa place pour les interroger, les trois cardinaux Bérenger de Frédol, Étienne de Suisi et Lendolfe de Brancaccio, qui se rendirent en Touraine, à Chinon, où étaient restés les malades. Voici le rapport que deux de ces cardinaux adressèrent au roi sur cet examen.

« Nous nous transportâmes à Chinon, lui écrivent-
ils, par ordre du Pape, pour examiner les prisonniers,
savoir le grand maître, le commandeur de Poitou, le
visiteur de France, le commandeur de Chypre, celui
de Guyenne et de Normandie, avec plein pouvoir d'informer tant sur leurs faits personnels que sur l'état
de tout l'ordre. Le samedi d'après l'Assomption,
17 août 1308, le commandeur de Chypre fut appelé,
comparut, prêta le serment à l'ordinaire, puis confessa le renoncement à Jésus-Christ et le crachement
sur la croix. Le commandeur de Normandie en fit
autant pour le reniement. Le soir du même jour, nous
appelâmes le commandeur de Poitou et de Guyenne,
qui demanda permission de délibérer jusqu'au lendemain. Il avoua qu'il avait promis à celui qui le recevait
dans l'ordre que, si quelqu'un des frères lui demandait s'il avait renoncé à Jésus-Christ, il dirait oui.
Le dimanche suivant, nous fîmes paraître Hugues de
Péralde, et en dernier lieu, le grand maître, au soir.
Après avoir lu tous les articles de l'interrogatoire,
ils demandèrent à délibérer jusqu'au lendemain. Ce
jour-là, le frère Hugues, après le serment, persista
dans son aveu fait à Paris, et spécialement à l'égard
du renoncement à Jésus-Christ, de l'idole qu'il avait
vue et des actions illicites qu'il avait commises, ainsi
que l'acte de sa confession le porte plus au long.
Enfin, le mardi suivant, le grand maître comparut,
et, après avoir juré et entendu les articles de l'in-

formation, il convint du renoncement. Du reste, il nous pria d'écouter la confession que voulait nous faire un sien frère servant qu'il aimait. Comme nous vîmes le grand maître repentant de ses crimes, quoique notre commission ne regardât, pour Chinon, que les cinq chevaliers nommés, nous crûmes pouvoir compter sur l'intention du Pape, et nous entendîmes le frère servant, qui, après le serment fait, confessa le renoncement, comme vous le verrez plus au long dans nos actes rédigés en forme authentique et scellés de nos sceaux. Tous abjurèrent l'hérésie et nous demandèrent l'absolution des censures. Nous la donnâmes à chacun en particulier. »

Cette lettre est datée du 20 août 1308. Ensuite, la commission envoya les cinq prisonniers à Paris, en priant le roi d'avoir égard à leur repentir et de les traiter avec indulgence, notamment le grand maître, le commandeur de Chypre et Hugues de Péralde. Déjà avant d'avoir reçu les actes de Chinon, Clément V, pour réunir toutes les lumières possibles, avait convoqué un concile général à Vienne, en Dauphiné. La bulle d'indiction est datée du 12 août 1308 et révèle officiellement au monde catholique, le détail des accusations qui pesaient sur l'ordre du Temple.

§ 6. — *Procédure des huit commissaires du Pape, à Paris, 1309-1311.*

Dans cette bulle, le Pape nomma huit commissaires pour faire des informations en son nom, contre tout l'ordre et spécialement dans la province de Sens, où se trouvaient prisonniers les principaux chefs. Ils tinrent leur première séance, le samedi 22 novembre 1309, dans la salle du palais épiscopal de Paris, et ne terminèrent leur mission qu'au mois de mai 1311.

L'historien Michelet, membre de l'Institut, qu'on ne peut accuser de partialité ni de tendresse pour l'Église catholique, qu'il a toute sa vie poursuivie de sa haine et de ses calomnies, a édité sur la minute même des procès-verbaux, le procès des Templiers, en deux volumes in-4°; le premier en 1844, et le second en 1851, et ces documents, jusqu'alors inédits, ont pris place dans la collection des documents appartenant à l'histoire de France, publiés par les soins du Ministre de l'Instruction publique.

Or, voici comment s'exprime Michelet, contraint par la force de la vérité, dans la courte préface du premier volume. « Nous publierons, dans ce volume et dans les premières feuilles du suivant, *l'acte le plus important* du procès des Templiers. C'est l'interrogatoire que le grand maître et deux cent trente et un chevaliers servants subirent à Paris, pardevant les commissaires pontificaux. Cet interrogatoire fut conduit *lentement et avec beaucoup de ménagements et de douceur*, par de hauts dignitaires ecclésiastiques, un archevêque et plusieurs évêques. Les dépositions obtenues ainsi méritent plus de confiance que les aveux d'ailleurs très-brefs, uniformes et peu instructifs que les inquisiteurs et les gens du roi avaient arrachés immédiatement après l'arrestation. Il reste deux manuscrits du grand interrogatoire : l'un copié sur vélin, fut envoyé au Pape et il est enfermé sous la triple clé du Vatican ; l'autre, sur simple papier, fut déposé au trésor de Notre-Dame de Paris. A en juger par les surcharges et les ratures, celui-ci pourrait bien avoir été une rédaction primitive, faite jour par jour sur les notes d'audience (signées par trois ou quatre notaires). Il porte, à la dernière page, les mots suivants : « Par surcroît de précaution, nous avons déposé ladite procédure rédigée par un des notaires en acte authentique dans le trésor de Notre-Dame de Paris, pour n'être exhibée à personne que sur lettres spéciales de Votre Sainteté. »

« Cette grande affaire, la plus grave peut-être du moyen âge, devait, pour être traitée gravement, se présenter à la critique dans l'intégralité de ses détails, dans sa vérité naïve et terrible. Désormais, le lecteur pourra juger lui-même. Nous lui remettons entre les mains le plus ancien procès criminel dont il reste une instruction détaillée. » (Tome 1er, pages III et IV.)

Les quatorze articles.

Nous donnons maintenant le résumé de cet interrogatoire pleinement authentique suivant les quatorze articles fixés aux juges par le Souverain-Pontife.

Il est déclaré : 1° que chaque Templier, à sa réception, après les trois vœux de religion, obéissance, pauvreté, chasteté, ou peu après, à la convenance de celui ou de ceux qui le recevaient et qui étaient toujours des premiers dignitaires de l'ordre, reniait le Christ, tantôt comme crucifié, tantôt comme Jésus ou Sauveur, tantôt comme Dieu, ainsi que la bienheureuse Vierge et les saints, selon qu'il y était poussé ou invité par ceux qui recevaient et qui lui disaient que le Christ était un faux prophète, ou qu'il n'avait pas souffert ou été crucifié pour la rédemption du genre humain ; mais pour ses crimes ; que cette pratique était commune et celle de la majorité.

2° Qu'on l'obligeait à cracher sur la croix, ou sur la figure et la sculpture de la croix, ou sur la sainte image de Jésus-Christ, quoique par intervalle on le fît à côté ; quelquefois même à la fouler aux pieds ; outrage que pratiquaient ceux mêmes qui étaient déjà reçus.

3° Que c'était la coutume de quelques-uns de se réunir le vendredi saint, ou un autre jour de la semaine sainte, pour fouler ainsi aux pieds la croix, faire sur elle des outrages plus odieux encore et en faire faire par les autres.

4° Qu'ils croyaient et qu'on leur disait que le grand maître, aussi bien que le visiteur et les percepteurs (autres premiers dignitaires), pouvaient, quoique laïcs, les absoudre de leurs péchés, sans même les confesser, que par le fait, ces supérieurs agissaient en conséquence.

6° Qu'ils pratiquaient des cérémonies déshonnêtes dans la réception des Frères.

7° Que ces réceptions étaient secrètes ou en présence seulement des Frères de l'ordre et qu'on leur faisait jurer de n'en pas sortir.

8° Que les recevants disaient aux reçus, qu'ils pouvaient entre eux se livrer au crime infâme, que la chose était permise, qu'eux-mêmes le pratiquaient, ainsi qu'un grand nombre d'autres.

9° Qu'ils avaient dans chaque province des idoles ou des têtes, dont les unes avaient trois faces, d'autres une seule, d'autres un crâne humain, et qu'ils les adoraient, et spécialement dans leurs grands chapitres ou congrégation ; qu'on ceignait ces têtes, ou qu'on leur faisait toucher des cordons, dont ils se ceignaient ensuite eux-mêmes sur la chair.

10° Que ceux qui, à leur réception ou après, refusaient de faire ce qui leur était demandé étaient mis à mort ou emprisonnés à jamais.

11° Qu'on leur enjoignait par serment, sous peine de mort ou de prison, de ne rien révéler de ces choses, ni de leur mode de réception, et que si quelqu'un était surpris l'ayant fait, il était mis à mort ou en prison.

12° Que toutes ces choses se faisaient généralement et communément dans tout l'ordre, au-delà, comme en-deçà des mers, que le grand maître les observait et ordonnait de le faire, aussi bien que les visiteurs, les percepteurs et autres chefs ; que c'étaient là des observances générales et longues, d'antiques coutumes des ordinations, des statuts de l'ordre entier en-deçà et au-delà des mers.

13° Qu'on regardait comme chose permise dans l'ordre de s'emparer, dans son intérêt du bien d'autrui par tous les moyens, *per fas et nefas*, et qu'on faisait serment d'en procurer par toutes les voies l'accroissement ou les avantages.

14° Que les chapitres qui se rassemblaient pendant le premier sommeil ou à la première veille de la nuit, étaient tellement secrets, qu'on fermait toutes les portes de la maison et de l'église dans lesquelles il se tenait, que l'accès en était interdit à tous les étrangers, et que des sentinelles étaient placées sur les toits mêmes, en sorte que personne ne pût approcher, ni les voir, ni les entendre. (Tome Ier, pages 89-96.)

En un mot, ces deux volumes in-4° attestent, d'un bout à l'autre, que ces deux cent trente et un chevaliers, à part trente du pays de Foix et trois ou quatre autres, ont avoué en tout ou en partie les quatorze articles, avec les noms propres de personnes et de lieux, avec les dates précises et que ces aveux sont tombés en toute liberté, ainsi que le serment l'atteste, de la bouche des chefs, tels que le grand maître, les visiteurs, trésoriers, dispensateurs, chefs de province et supérieurs de maisons de Paris, de Reims, de Normandie, d'Auvergne, de Champagne, écuyers, chapelains du grand maître ou employés supérieurs de sa maison.

Voici comment les résume Michelet lui-même dans la préface du second volume : « Du reste, quelque opinion qu'on adopte sur la règle des Templiers et l'innocence primitive de l'ordre, il n'est pas difficile d'arrêter un jugement sur les désordres de *son dernier âge*. Il suffit de remarquer, dans les interrogatoires que nous publions, que les dénégations sont presque toutes identiques, comme si elles étaient dictées d'après un formulaire convenu ; qu'au contraire, les aveux sont tous différents, variés de circonstances spéciales, souvent très-naïves, qui leur donnent un caractère particulier de véracité. Le contraire devrait avoir lieu, si les aveux avaient été dictés par la torture ; ils seraient à peu près semblables et la diversité se trouverait plutôt dans les dénégations. » (Tome II, page VII.)

Pareille remarque est faite par le ministre protestant Wilcke, dans son histoire des templiers, en trois volumes ; à plusieurs reprises, malgré ses préventions très-hostiles contre la Papauté, il ne peut s'empêcher de reconnaître la douceur et la justice qui régnèrent dans la procédure pontificale.

Il est temps de descendre maintenant aux détails

de quelques dépositions particulières les plus saillantes et d'abord du grand maître.

Interrogatoire du grand maître.

Jacques de Molay, né en 1240, dans la Bourgogne, était revenu de Chypre, sur l'ordre du Pape, pour rendre compte des accusations qui pesaient sur l'ordre. Philippe le Bel le fit arrêter le 10 octobre 1307, en même temps que tous les chevaliers qui se trouvaient en France. Deux fois, devant les docteurs de l'Université de Paris qui assistèrent aux informations de la commission royale, il fit des aveux, et, en 1308, il envoya une circulaire à tous ses chevaliers dans laquelle il les prévenait qu'il avait avoué telle et telle faute et les engageait à l'imiter, comme ayant été séduits par une ancienne erreur. Nous avons vu qu'à Chinon, sans nulle contrainte, il avait persisté dans les mêmes dépositions devant les cardinaux.

Il fut amené, le 26 décembre 1309, devant les commissaires du Pape. A la question qu'ils lui firent s'il avait dessein de défendre l'ordre, il donna cette réponse : l'ordre étant confirmé et privilégié par le Saint-Siége, il lui paraissait étrange que l'Église romaine voulût procéder si vite à le perdre, quand la sentence de déposition contre l'empereur Frédéric avait été différée pendant trente-deux ans. Il ajouta qu'il n'était pas aussi savant qu'il conviendrait pour défendre l'ordre par lui-même, mais qu'il ferait de son mieux, que, du reste, il se réputerait et serait digne d'être réputé un misérable et une âme basse, s'il ne prenait en main la cause d'un ordre dont il avait reçu tant de biens et d'honneurs, quelque difficile que lui semblât cette défense entre ses mains, étant prisonnier du Pape et du roi, n'ayant rien, pas même quatre deniers à employer pour le défendre et n'usant, non plus que les autres chevaliers, que des choses qu'on leur fournissait. C'est pourquoi il demandait secours et conseils, son intention étant que la vérité sur les accusations dont on chargeait son ordre, fût connue non-seulement d'eux, commissaires, mais dans toute la terre des rois, des princes, prélats, ducs, comtes et barons, avouant toutefois que ses confrères avaient été trop raides dans la poursuite de leurs droits contre plusieurs prélats.

Encore que, par ses propres aveux, le grand maître se fût déjà rangé au nombre des coupables, les évêques commissaires lui permirent d'être l'avocat des siens et de prendre en main leur cause. Et, pour lui faciliter cette tâche, ils lui lurent l'enquête de Chinon. Lorsqu'il entendit la déposition qu'il avait faite, il se signa deux fois, fit l'étonné et s'emporta jusqu'à dire que si les commissaires devant qui il parlait étaient d'autres gens, il saurait bien répondre autrement et que de telles gens mériteraient qu'il les fendît en deux, comme font les Turcs et les Tartares.

Le vendredi suivant, le délai qu'il avait sollicité étant expiré, il confessa d'abord qu'il n'avait rien à redire à la procédure d'information ; ensuite il ajouta que, pour la décharge de sa conscience, il avait trois choses à déclarer : 1° Qu'aucune église, à part les cathédrales, n'était plus riche ni mieux ornée que les leurs ; 2° Que nulle part on ne distribuait autant d'aumônes que chez eux, où par un décret général on les distribuait trois fois par semaine dans chaque maison ; 3° Qu'il ne savait ni ordre religieux, ni même nation au monde, où l'on montrât autant d'ardeur à répandre son sang pour la foi que chez les chevaliers. Et comme on lui exposait que ces choses ne suffisaient pas au salut, sans la foi chrétienne : « Cela est vrai, dit-il, aussi je crois en un seul Dieu, la Trinité et tout ce qui concerne la foi catholique. » Mais jamais il n'allégua de preuves ni même d'excuses pour ébranler la conviction qu'avaient formée dans l'esprit des juges les aveux de ces deux cents chevaliers sur les quatorze articles.

Guillaume de Nogaret, garde des sceaux, étant survenu et voyant que le grand maître éludait la défense de son ordre, lui dit qu'on lisait dans les *Chroniques de Saint-Denis*, que Saladin, soudan de Babylone, ayant reçu l'hommage du grand maître et des principaux de ce temps-là et ayant appris une disgrâce qui leur était arrivée, avait dit publiquement que les Templiers étaient punis pour avoir prévariqué à leur foi et s'être souillés d'impuretés exécrables. Le grand maître parut très-étonné, et dit qu'il n'avait jamais ouï parler de cela ; qu'il se souvenait seulement que, lorsqu'il était outre-mer, des murmures s'élevèrent contre le grand maître de Beaujeu, parce que, durant la trève faite par le roi d'Angleterre, qui était mort depuis, les Templiers rendaient encore hommage au soudan pour ne pas l'irriter ; mais que de Beaujeu fit taire ces plaintes, quand il eût expliqué que bon nombre de cités et de forteresses confiées à la garde des Templiers étaient sur les frontières des terres du soudan, de sorte qu'on ne pouvait les garder qu'en lui faisant hommage, encore auraient-elles été perdues, si le roi d'Angleterre n'y eût fait passer des vivres. »

Soixante-quatorze chevaliers s'offrent à défendre l'ordre et choisissent quatre procureurs.

Alors, sur la demande des chevaliers, le roi donna des lettres patentes, ordonnant d'amener à Paris tous les chevaliers qui voudraient défendre leur ordre. Le samedi 14 mars 1310, soixante-quatorze chevaliers, résolus à plaider cette cause, parurent dans la salle de l'évêché devant la commission pontificale : on leur lut, en français, la commission du Pape et les quatorze articles. Cet interrogatoire regardait spécialement l'état de l'ordre en général, afin qu'on pût juger s'il méritait d'être conservé ou aboli.

Le 7 avril suivant, Pierre de Boulogne, prêtre et procureur de l'ordre, même en cour romaine, dicta cette protestation aux notaires de la commission : « Quoique nous ne puissions pas nous donner des procureurs publics, sans la permission de notre chef et de l'ordre entier, ni par conséquent faire ce qu'on veut de nous, nous y suppléerons par nous-mêmes en nous chargeant de notre propre cause. Nous sommes tous préparés à la défendre. Quant aux articles qu'on nous a lus, ce sont autant de mensonges abominables, inventés, forgés, suggérés par nos ennemis. L'ordre des chevaliers de la milice du Temple est pur et très-éloigné de ces horreurs. Ceux qui disent le contraire parlent en hérétiques et en infidèles. Nous sommes prêts à le prouver et à justifier l'ordre. Mais, pour le faire, nous demandons la liberté et le pouvoir d'aller nous-mêmes, personnellement, au concile général. Quant à ceux des Templiers qui ont déposé ces mensonges comme des vérités, ce sont ou des gens timides et lâches, à qui la crainte de la mort et l'épreuve des tourments ont arraché ces fausses dépositions, ou bien ce sont des misérables corrompus peut-être par argent ou par sollicitations.

Le même jour, neuf de ces soixante-quatorze défenseurs parurent devant les commissaires. Ils déclarèrent par écrit qu'ils élisaient pour procureurs dans la défense de leur ordre les deux prêtres Pierre de Boulogne et Raymond de Pruino et les deux chevaliers

Guillaume de Chambonet et Bertrand de Sartiges, que s'ils souscrivaient d'avance à ce qu'ils diraient en faveur de l'ordre, ils les désavouaient d'avance aussi, s'ils venaient à parler contre.

Ils demandèrent encore qu'on mît sous bonne garde les chevaliers apostats, jusqu'à ce qu'ils aient été convaincus de faux témoignage; enfin qu'on n'admît point de laïcs dans les interrogatoires, de peur que les chevaliers ne fussent émus et terrifiés par la comparaison de l'état fortuné des menteurs à qui l'on ajoutait foi, avec les opprobres qui abreuvaient les martyrs de la vérité.

Après avoir fait un long éloge en rappelant les quatre vœux et les exploits des chevaliers, ils avertirent les juges que leur procédure était irrégulière, puisqu'on avait arrêté les Templiers avant qu'ils aient été diffamés, et que les aveux dont se prévalaient leurs accusateurs avaient été extorqués sous l'empire de la crainte. Les commissaires répondirent qu'on ne les avait arrêtés que sur le bruit de leurs désordres, ainsi que le constataient des lettres pontificales et que le Saint-Siége, qui avait donné les priviléges, pouvait les révoquer, d'autant plus qu'il s'agissait d'hérésie. Notre pouvoir, ajoutèrent-ils, est donc légitime et régulier; nous en userons toujours avec humanité; nous écouterons les défenses des accusés pour en rendre compte ensuite au Souverain-Pontife.

Audition de deux cent trente-un témoins.

Ensuite on procéda à l'audition des témoins. Vingt-quatre furent entendus le samedi 11 avril, en présence des quatre avocats de l'ordre, que nous venons de nommer. Ils firent serment « de dire la vérité » pour ou contre l'ordre, et jurèrent qu'ils n'étaient ni sollicités, ni gagnés, en un mot, qu'aucun motif humain ne les ferait parler. Formule qui fut répétée par les deux cent trente-un témoins qui furent entendus devant cette commission.

Raoul de Presles, avocat à la cour du roi, dicta, le premier, sa déposition. « Quand j'étais à Laon, dit-il, je fis une étroite liaison avec le Prieur-Templier de cette ville, nommé frère Gervais de Beauvais. Je lui ai très-souvent ouï dire, même en présence de plusieurs, et cela plus de cent fois, quatre à cinq ou six ans avant la prise des Templiers, que, dans cet ordre, il y avait un point si singulier et tellement secret qu'il aimerait autant qu'on lui coupât la tête que de le révéler; que, de plus, il y avait, dans le chapitre général, un autre point d'un secret si important, que si, par malheur, son ami de Presles, ou le roi lui-même, le découvraient, nul motif n'empêcherait les frères assemblés de les tuer, s'ils le pouvaient. J'ai souvent entendu dire au même frère Gervais, qu'il y avait un recueil des statuts de l'ordre, qu'il montrait volontiers; mais qu'il en avait un autre qu'il ne ferait pas voir pour tous les biens de la terre. Le même frère m'a prié de lui procurer, par mon crédit auprès des grands de l'ordre, l'entrée au chapitre général; parce que, s'il l'obtenait, il n'était pas douteux qu'il ne devînt grand commandeur. Je lui procurai ce qu'il souhaitait et j'ai vu depuis ce Gervais dans une grande autorité et fort accrédité auprès des principaux chevaliers, ainsi qu'il l'avait prédit. »

Raoul de Presles ajouta « qu'il ne savait rien des autres articles sur lesquels l'interrogea la commission, si ce n'est sur l'article des prisons de l'ordre, dont le frère Gervais et d'autres lui avaient assuré qu'elles étaient affreuses et prolongées jusqu'à la mort pour ceux qui refusaient d'obéir à tout ce que leurs commandeurs leur ordonnaient. »

Guichard de Marziac, chevalier séculier, raconte que son ami, Hugues de Marchant, entra à la réception bien portant et plein de joie, mais qu'il en sortit pâle comme la mort, et avec l'expression d'un trouble et d'une stupeur extrêmes, disant qu'il lui était impossible d'être plus jamais content au fond de son cœur; il fut accablé d'une mélancolie incurable et mourut après deux ans.

Beaucoup de témoins confessèrent qu'ils avaient été contraints de renier le Christ par la menace d'être mis dans un lieu où ils ne verraient jamais ni leurs mains, ni leurs pieds. A Gérard de Passage, on lui montra une croix de bois, en lui demandant s'il croyait que ce fût le Seigneur Dieu. Il répondit que c'était l'image du divin Crucifié. — « Ne le croyez pas, fut la réponse, ce n'est qu'un morceau de bois; Notre-Seigneur est dans le ciel. »

Raymond Tassiniac avait renié, conspué et foulé aux pieds la croix sur son manteau, et cela, au mépris du Crucifié, parce que c'était un usage de l'ordre.

Guillaume de Cardaillac fut requis de renier Dieu et de cracher sur la croix; comme il s'y refusait, un chevalier, Dominique de Linac, le saisit d'une main à la poitrine, et brandissant de l'autre un poignard, lui cria, avec plusieurs des assistants : « Obéis, ou tu es mort. » Il cracha sur la croix, mais il fut dispensé du reniement.

Gilles de Rotange, clerc de l'ordre, ne voulait pas renier le Christ, parce que, disait-il, il était et voulait demeurer bon chrétien. — « Nous te reconnaissons pour tel et nous voulons l'être nous-mêmes, répondirent les assistants, mais il faut que tu renies, parce que c'est un point de l'ordre. »

Le Templier Bosco de Masvalier ayant demandé à un vieux prieur, pourquoi on faisait renier aux frères Jésus, le fils de la sainte Vierge, qu'ils célébraient dans leurs cantiques et leurs offices comme le Sauveur du monde, on lui répondit de se garder de toutes recherches curieuses qui ne lui attireraient que le mécontentement des supérieurs, et d'aller tranquillement à table, attendu qu'il n'était pas le premier qui eût renié et qu'il ne serait pas le dernier; qu'on entendait un certain prophète dont l'histoire serait trop longue; Bosco croit avoir entendu parler d'un prophète qui s'appelait Josué.

Certains récipiendaires étaient dispensés des cérémonies déshonnêtes; d'autres y étaient contraints.

Les aveux couchés dans les actes sont pleins de naïveté, dit Michelet; mais d'une naïveté terrible. Ils témoignent souvent de la permission du péché infâme. Le commandeur Raymond de Tassiniac déposa qu'il n'en parlait qu'aux plus jeunes. Une vingtaine de témoins déclarèrent avoir vu une idole appelée Baphomet, consistant, selon les uns, en une seule tête à grande barbe; selon d'autres, en une tête à trois faces qui inspirait la terreur.

Quatre prêtres, Guy de la Roche-Talhat, Jean de Braulis, Gautier de Buris et Bertrand de Villars, affirmèrent qu'à leur réception dans l'ordre, le président leur avait enjoint d'omettre désormais, à la messe, les paroles de la consécration, qu'ils se confessèrent de cette promesse et qu'ils continuèrent à consacrer comme auparavant.

L'année de noviciat établie par saint Bernard était abolie. Il me semble inutile de multiplier ces citations, dont le meilleur résumé se trouve dans les quatorze articles de l'interrogatoire fixés par le Pape.

Pendant la comparution des témoins, le jeudi 7 mai 1310, les quatre défenseurs présentèrent un autre mémoire, dans lequel, après avoir répété les mêmes plaintes que dans les premiers contre les chevaliers qui avouaient et les souffrances de leur captivité, ils ajoutèrent que la présomption était tout entière en faveur de leur ordre. Car, quelle vraisemblance, disaient-ils, qu'aucun fût assez insensé pour entrer ou persévérer, au préjudice de son salut, dans un corps aussi corrompu! que tant de personnes nobles et réputées vertueuses n'eussent pas élevé la voix contre des horreurs aussi grandes! Ensuite ils demandèrent communication des pièces, et prièrent les commissaires de garder le secret sur les dépositions et d'interroger aussi les serviteurs des chevaliers.

Trois jours après, ils apportèrent une nouvelle protestation pour faire appel au Souverain-Pontife du concile de Sens, qui devait se réunir le lendemain, à Paris.

Cet appel ne pouvait avoir d'effet, puisque le Pape, juge suprême de l'affaire, avait donné pleins pouvoirs aux conciles provinciaux pour juger en dernier ressort les Templiers de la province, ne réservant au Saint-Siége que l'interrogatoire du grand maître et de quelques chefs, et la sentence définitive sur l'ordre entier, pour le conserver ou l'abolir. De ces quatre défenseurs, il n'en resta bientôt plus aucun;

Pierre de Boulogne s'évada; Pruyna se fit dispenser de ses vœux de religion au concile de Sens, et les deux autres chevaliers se désistèrent aussi de la défense.

Conciles de Sens et de Senlis.

Cependant le concile de Sens s'ouvrit à Paris le lendemain, 11 mai, et dura quinze jours, sous la présidence de l'archevêque de Sens, Philippe de Marigny.

Les actes ne nous sont pas parvenus; mais les histoires du temps font foi qu'on y jugea les causes particulières des Templiers. Ainsi fit-on, à Senlis, le mois suivant, au concile de la province de Reims. Les uns furent dégagés de leurs vœux; d'autres renvoyés après une pénitence canonique; plusieurs condamnés à une prison perpétuelle; enfin cinquante-neuf furent brûlés à Paris, derrière l'abbaye Saint-Antoine, et neuf, à Senlis; et tous, en mourant, rétractèrent leurs aveux, soutenant qu'on les condamnait injustement, et que, s'ils avaient déposé contre eux-mêmes, c'était par la crainte des tourments : ce qui fit d'étranges impressions sur l'esprit du peuple.

Les commissaires du Pape suspendirent leurs fonctions pendant six mois, pour donner aux prisonniers le temps de se remettre de la profonde émotion qu'ils ressentaient du supplice de leurs frères, et, six mois plus tard, après deux années de prudentes et minutieuses enquêtes, de l'avis du Pape et du roi, ils se déterminèrent à clore leur commission et envoyèrent leurs registres à Clément V.

§ 7. — *Informations en-dehors de la France.*

Des informations faites par les conciles provinciaux dans le reste de la chrétienté, il résulte que les chevaliers nièrent et furent déclarés innocents dans la Castille, au concile de Salamanque; en Italie, au concile de Ravenne, à Césène et dans la marche d'Ancône; dans les îles de Sicile et de Chypre; au contraire, ils avouèrent à peu près les mêmes crimes qu'en France en Angleterre, à Florence, à Brindes, à Viterbe, à Pise. En Aragon, ils se soulevèrent et furent vaincus par le roi Jacques II et mis aux fers; à Mayence, ils pénétrèrent en armes dans la salle du concile et se firent absoudre.

§ 8. — *Concile de Vienne.* — *Abolition des Templiers.*

Enfin le concile œcuménique de Vienne se réunit le 16 octobre 1311. Il s'y trouva, sous la présidence du Pape, trois cents évêques et cent quatorze abbés mitrés, et, à la seconde session, le 3 avril 1312, le roi de France Philippe IV, avec son frère le comte de Valois, et les trois fils de France, Louis, roi de Navarre, Philippe et Charles.

« Le Pape, au commencement de décembre, assembla les cardinaux et les prélats, à qui on lut les actes faits contre les chevaliers du Temple. Neuf chevaliers se présentèrent pour défendre leur ordre, assurant que, dans le voisinage de Lyon, il y avait jusqu'à quinze cents et deux mille de leurs confrères qui adhéraient à cette défense. Chacun des prélats étant requis par le Pape de dire leur avis, ils convinrent qu'ils devaient écouter les accusés dans leur défense. Après plusieurs autres conférences, le mercredi 22 mars 1312, le pape Clément V, ayant appelé en conseil secret les cardinaux avec plusieurs prélats, cassa, par provision plutôt que par voie de condamnation, l'ordre des Templiers. (ROHRBACHER, *Histoire de l'Église*, livre XVII.)

« Parce que, depuis longtemps, dit la bulle, le grand maître, les frères et autres membres de l'ordre de la milice du Temple de Jérusalem, répandus dans toutes les parties du monde, sont souillés de turpitudes, erreurs et pratiques infâmes que nous taisons pour ne point rappeler ces hommes de hideuse mémoire; avec une vive amertume et affliction de cœur, de l'approbation du saint concile, non par manière de sentence définitive, que les informations et procédures ne nous permettent pas de donner juridiquement, mais par voie de provision et d'ordonnance apostolique, par un décret irréformable, nous avons aboli le susdit ordre, son état, son habit et son nom, le soumettant à une prohibition perpétuelle et faisant une stricte défense à qui que ce soit d'y entrer, d'en prendre et de porter l'habit et de se donner comme Templier, sous peine d'excommunication *ipso facto*. » (*Les Conciles* par Mgr GUÉRIN, tome II.) Cette bulle ne fut promulguée dans les formes que le 6 mai, bien qu'elle ait été lue dans la session du 3 avril.

Transfert des biens.

Plusieurs évêques opinaient pour la fondation d'un nouvel ordre, auquel seraient attribués les domaines des Templiers; mais le Souverain-Pontife voulut que ces biens gardassent la destination que lui avaient donnée les bienfaiteurs, c'est-à-dire la défense de la Terre-Sainte: aussi il décréta qu'ils seraient transférés aux Hospitaliers de Saint-Jean de Jérusalem, qui combattaient toujours au premier rang contre les mahométans, et venaient tout récemment de se couvrir de gloire dans la prise de Rhodes. Ce décret fut fidèlement exécuté en France. Philippe le Bel avait donné deux fois sa parole solennelle au Pape d'employer totalement ces biens au secours de la Terre-Sainte, et, dans l'état des biens des chevaliers de Malte, que M. Louis de Boisgelin a publié en 1805, on voit qu'un grand nombre de leurs terres de France, d'Allemagne et d'Italie leur venaient des Templiers. L'arrêt du Parlement, qui met les Hospitaliers en possession de biens situés en France, est daté du 2 mai 1312.

Toutefois, le Pape et le concile exceptèrent les biens des Templiers de l'Espagne et du Portugal, contrées qui avaient à se défendre des Maures, comme la Terre-Sainte des Turcs. En Aragon, ils servirent à soutenir plus tard l'ordre de Calatrava; dans la Castille, le roi Ferdinand IV s'empara, de son chef, des domaines et des places fortes des Templiers; en Portugal, le roi Denys, sur le conseil du Pape, fonda de ces biens l'ordre du Christ, qui ne fut définitivement institué qu'en 1318 et confirmé l'année suivante par Jean XXII. Cet ordre du Christ, dans lequel entrèrent bon nombre de Templiers, défendit vaillamment, pendant des siècles, les Algarves contre les descentes des Maures; il dure encore de nos jours à titre honorifique. Napoléon Ier y fut agrégé, le 2 prairial an XIII.

Le concile décida que les chevaliers, excepté le grand maître et quelques chefs, dont le Pape s'était réservé le jugement, seraient renvoyés devant les conciles provinciaux et leur sort ainsi réglé. « Les innocents ou pardonnés seraient honnêtement entretenus sur les revenus de l'ordre; les repentants traités avec indulgence; les impénitents et relaps enfermés dans des monastères aux dépens de l'ordre; ceux qui auraient fait défaut à la citation du concile, regardés et traités comme hérétiques après un an. De fait, la plupart des Templiers furent mis en liberté; les meilleurs entrèrent dans l'ordre des Hospitaliers de Saint-Jean et dans l'ordre du Christ, et, chose étrange, nous n'en voyons aucun, après la mort de Clément V et de Philippe IV, élever la voix pour réhabiliter son ordre et ramener l'opinion publique; tant la cause, sans doute, était impossible à défendre devant les contemporains !

Les mauvais emportèrent leur doctrine panthéiste, leurs mystères impurs avec leur série de grades, leurs initiations nocturnes, leurs secrets et leurs serments, et formèrent ces bas-fonds souterrains qui infectent la société dans tous les siècles. De cette source impure, est sortie peut-être au siècle dernier la secte infernale des francs-maçons, dont les souverains, s'ils veulent vivre, devront instruire un jour le monstrueux procès.

CHAPITRE III

***

APRÈS LE CONCILE

Suivant ce qui avait été arrêté au concile, le Pape nomma, pour juger le grand maître, le visiteur de France et les deux commandeurs de Guienne et de Normandie, une nouvelle commission, composée d'Armand d'Aux, évêque d'Albano, deux autres cardinaux légats, l'archevêque de Sens, plusieurs évêques avec des docteurs de Paris. Les quatre accusés renouvelèrent leurs aveux devant le nouveau tribunal. C'était la cinquième fois au moins pour le grand maître. Alors les juges, l'affaire étant déjà de longue main élucidée et les aveux confirmés, prononcèrent la sentence et condamnèrent à la prison perpétuelle ces quatre principaux chefs, coupables personnellement et responsables de tous les crimes de leurs inférieurs. Cette sentence fut prononcée solennellement, le 18 mars 1314, du haut d'une estrade dressée sur le parvis de Notre-Dame; mais lorsque tout semblait fini, pendant qu'un cardinal prêchait l'assistance,

voici que deux voix interrompent le prédicateur. C'é-
taient le grand maître et le frère du dauphin d'Auvergne qui rétractaient hautement leurs aveux et
affirmaient avec feu leur innocence devant tout le
peuple :

> De leur ordre ne savaient
> Qui ne fût de bonne foi
> Et de la chrétienne loi.

Les cardinaux, embarrassés de ce désaveu public et
inopiné, remirent leur décision au lendemain et con-
fièrent la garde des condamnés au prévôt de Paris.
Mais le roi les prévint. Aussitôt il assembla le conseil
de ses officiers, sans y appeler aucun ecclésiastique,
ni consulter les juges, ordonna que les deux Templiers
relaps fussent brûlés vifs le soir même, à l'heure des
vêpres, dans l'île de la Cité, sur le sol de la place
Dauphine actuelle. Godefroi de Paris, chroniqueur
poëte, raconte ainsi les derniers instants de Jacques
de Molay : « Le grand maître, qui vit le feu préparé,
se dépouilla sans hésitation, je le rapporte comme je
l'ai vu, il se mit tout nu en chemise, lestement et de
bonne mine, sans trembler nullement, quoiqu'on le
tirât et le secouât fort. On le prit pour l'attacher au
poteau et on lui liait les mains avec une corde; mais
il leur dit : « Au moins laissez-moi joindre un peu
les mains et faire à Dieu ma prière, car c'en est bien
le moment. J'ai maintenant à mourir, Dieu sait que
c'est à tort. Il arrivera bientôt malheur à ceux qui

nous condamnent sans justice, Dieu vengera notre mort. »

Ces dernières paroles ont sans doute accrédité parmi le peuple, le bruit que Jacques de Molay avait cité à comparaître au tribunal de Dieu le Pape au bout de quarante jours, le roi dans le cours de l'année. Et l'événement consacra cette légende; Clément V mourut le 20 avril 1314, et Philippe le Bel le 29 novembre suivant. Telle est la pente de l'homme individuel, comme des peuples, que souvent, dit Guizot, « le condamné reste, dans l'histoire, une victime et presque un innocent. » Ils ont avoué dans les tortures, a-t-on dit, et nié dans les supplices. Le point capital est donc hors de doute; c'est qu'ils se sont joué de la vérité, de la sainteté des serments et de l'honneur de leur ordre; est-ce dans le premier ou le second acte? peu nous importe, et si le roi Philippe a pu agir par passion en prévenant et outre-passant peut-être la nouvelle sentence des juges, l'autorité ecclésiastique n'a évidemment commis ni abus, ni erreur judiciaire.

Ainsi mourut le grand maître et avec lui, et dans les mêmes sentiments, le frère du dauphin d'Auvergne. Les deux autres, après quelque temps de prison, furent mis en liberté, suivant la promesse qui leur avait été faite.

En somme, sur vingt mille Templiers, dont la majeure partie fut convaincue de grands crimes, une centaine furent condamnés à mort.

CONCLUSION

Si maintenant, arrivés à la fin des péripéties de ce drame, nous résumons le rôle des divers personnages, nous devons, ce semble, tirer une conclusion identique à celle des tribunaux du Pape.

Et d'abord, les accusés. Qui pourrait soutenir que les chevaliers si nombreux, dispersés en tant de régions et arrêtés inopinément le même jour, aient pu se donner le mot et concerter leurs dépositions?..... D'ailleurs, observe Michelet, la diversité et la naïveté de leurs aveux en démontrent la véracité. Sans doute, le plus grand nombre des Templiers coupables s'est trouvé en France et surtout à Paris; c'est que Paris était le centre de l'ordre et aussi, comme de nos jours, dit Bergier, le centre et le foyer de la corruption de tout le royaume; il n'est donc pas étonnant que ce soit là que le plus grand nombre des Templiers coupables ait été livré au supplice. Pour le grand maître et le frère du dauphin d'Auvergne, de deux choses l'une : ou ils ignoraient ou ils savaient les crimes de leur ordre. S'ils les ignoraient, pourquoi ont-ils eu la lâcheté, eux, les chefs et les défenseurs nés de leur milice, de la déshonorer à jamais devant la postérité par leurs faux témoignages? S'ils savaient ces horreurs et en étaient coupables eux-mêmes, pourquoi, après les avoir avouées librement et à cinq reprises, les nier effrontément à l'heure suprême de la mort? Ils échapperont difficilement de ce dilemme.

Des témoins, je n'ai rien à dire, sinon qu'ils furent nombreux, de toute classe, religieux, prêtres, laïcs, et que leurs dépositions sont empreintes du cachet de la vérité, précises dans les détails, simples dans l'expression et concordantes au fond.

On a vu comment les défenseurs qui étaient si intéressés au succès de la cause, puisqu'ils étaient eux-mêmes Templiers et députés par l'ordre, après avoir jeté feu et flammes, épilogué sur les formes, se sont éclipsés l'un après l'autre sans avoir rien argué, au fond, contre les charges positives.

Les juges, cardinaux et évêques, formaient le tribunal le plus éclairé, le plus intègre, le plus indulgent de l'époque, de l'aveu des historiens les moins partiaux pour l'Église, le voltairien Michelet et le ministre protestant Wilcke. « Ils conduisirent l'interrogatoire, dit le premier, lentement et avec beaucoup de douceur et de ménagements. » « Ils procédèrent, dit le second, avec circonspection et conscience. Ils employèrent quatre années entières à des informations qui, eu égard au temps, notamment, sous la direction du Pape, doivent être appelées *extrêmement douces.* »

Enfin le Pape, la plus haute autorité morale de la

terre, agit en pleine compétence et quoiqu'on ait **pu**
dire, en pleine indépendance. Il annula les procédures
et cassa les juges institués par le roi, et établit
comme un vaste réseau d'enquêtes qui embrassait,
non plus seulement la France, mais la chrétienté
tout entière. Philippe, le faux monnayeur, a pu
donner prise aux soupçons à cause de ses emporte-
ments et de ses odieuses convoitises; mais le Souverain-Pontife avait tout intérêt à trouver innocents
des chrétiens, ses enfants, des religieux défenseurs
de l'Église, dont les scandales rejaillissaient sur la
religion. Aussi, de quelles lumières il s'entoure! Après
plusieurs années d'informations, après les sentences
des conciles provinciaux d'Yorck, de Mayence, de
Ravenne, de Salamanque, de Trèves, de Paris, de
Senlis, etc..., il assemble les évêques en concile uni-
versel à Vienne, ville indépendante, leur communique
tous les dossiers, confère trois mois avec eux, rouvre
même les débats avec de nouveaux défenseurs, et, encore qu'il soit fortement convaincu de la culpabilité
d'un grand nombre de ces accusés, qu'il appelle en
plein concile hommes de hideuse mémoire, cependant
il use encore d'indulgence et se borne à abolir un
ordre dès lors impossible, sans le flétrir par une condamnation solennelle.

« Les défenseurs de l'ordre, dirons-nous en finis-
sant avec l'historien Wilcke, regardent cette décision
comme très-injuste et arbitraire; mais, en l'exami-

nant de plus près, on voit s'évanouir la soi-disant injustice envers l'ordre. Lorsque Clément dit que la sentence définitive ne pouvait pas être donnée de droit d'après les actes, cela montre qu'il n'avait pas procédé ou voulu procéder injustement; un juge injuste ne confesse pas hautement son injustice. Clément donne à entendre qu'il ne résultait pas des actes d'informations que tout l'ordre fût corrompu, beaucoup de membres ne sachant rien des mystères, n'étant que membres et non pas chefs; mais que tout l'ordre pouvait se corrompre, et que lui, Pape, y voulait obvier et l'abolir... Pour prévenir le scandale du peuple chrétien, la culpabilité de l'ordre fut donc couverte d'un voile et son abolition remise à la sagesse du Pape. Qui eût jamais douté de la culpabilité de l'ordre, qui l'eût surtout jamais combattue, si Clément eût exposé au monde les actes du procès et porté un jugement conforme dans sa bulle d'abolition? Mais, comme les historiens subséquents n'entendirent parler de ces hérésies que comme d'un bruit, leur jugement demeura incertain.

FIN

TABLE

Saint-Quentin. — Imprimerie Jules Moureau.